LE PARLEMENT

ET LES

ASSURANCES CONTRE LES ACCIDENTS

DÉCEMBRE 1885.

PARIS

IMPRIMERIE CH. LEFEUVRE, 9, RUE DU CANAL-SAINT-MARTIN

1885

LE PARLEMENT

ET LES

ASSURANCES CONTRE LES ACCIDENTS

DÉCEMBRE 1885.

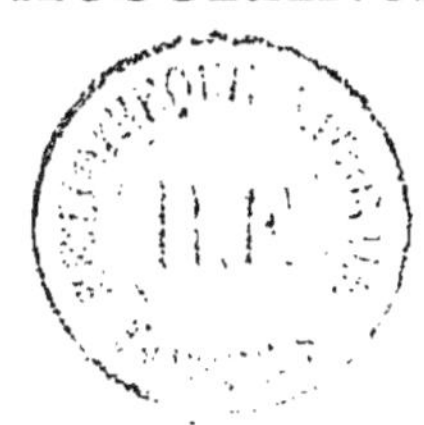

PARIS

IMPRIMERIE CH. LEFEUVRE, 9, RUE DU CANAL-SAINT-MARTIN

—

1885

LE PARLEMENT

ET LES

ASSURANCES CONTRE LES ACCIDENTS

CHAPITRE PREMIER.

§ I.

Nous sommes en présence de trois projets de loi :

Le texte adopté en première délibération, le 23 octobre 1884, par la Chambre des députés (rapporteurs, MM. Alfred Girard et Martin Nadaud); le projet de la Commission extra-parlementaire, nommée le 8 novembre 1884 et présidée par M. Tolain, sénateur; enfin le projet élaboré par M. Rouvier, ministre du commerce, sur le rapport de la Commission nommée par lui le 8 novembre et déposé à la Chambre des députés le 24 mars 1885.

Que dire de ces trois projets ?

A notre humble avis, ils ont du bon tous les trois et pourraient avantageusement se compléter l'un l'autre.

Tous trois *créent*, ou plutôt *consacrent*, le risque *professionnel*, et tous trois disent que l'employeur peut s'exonérer de ce risque par une assurance garantissant des indemnités au moins égales aux pensions et secours que la caisse d'assurance, établie par la loi du 11 juillet 1868, alloue actuellement à l'assuré ou à ses ayants droit, lorsque la prime annuelle est de huit francs.

§ II.

Quelle est donc cette loi de 1868 et quelles sont les indemnités par elle accordées ?

La loi du 11 juillet 1868 a créé deux caisses d'assurances, l'une en cas de décès, et l'autre en cas d'accidents résultant de travaux agricoles et industriels ; c'est donc une loi sur l'assurance en cas de décès ou d'accident. Elle contient dans sa dernière partie, sous la rubrique *dispositions générales*, les deux dispositions suivantes :

« Art. 16. Les tarifs des deux caisses seront revisés tous les cinq ans, à partir de 1870. Ils seront, s'il y a lieu, *modifiés par une loi.*

Art. 19 et dernier. Un règlement d'administration publique déterminera, d'après les bases posées dans la présente loi, les conditions spéciales des polices, etc. »

Ce règlement d'administration publique est du 10 août 1868 (bulletin n° 1637). Il a été modifié par le décret du 13 août 1877 (bulletin n° 351). Les modifications de 1877 ont trait à la gestion de la caisse d'assurance et ont eu pour but de faciliter l'assurance collective des ouvriers.

Revenons au règlement d'administration publique du 10 août et à la loi du 11 juillet 1868, pour en noter deux des principales dispositions.

L'article 25 du règlement du 10 août, toujours en vigueur, est ainsi conçu : « Lorsqu'un assuré est atteint par un accident grave, le maire, *sur l'avis qui lui en est donné*, constate les circonstances, les causes et la nature de cet accident. — Il consigne sur son procès-verbal les déclarations des personnes présentes et ses observations personnelles. »

Pourquoi n'a-t-on pas ajouté que *cet avis de l'accident* devait être donné, *sous peine de déchéance*, dans un délai de quarante-huit heures, par exemple ?

Voici maintenant quelles sont les indemnités dues par la caisse d'assurances en cas d'accidents :

Cotisation de fr. 8 par tête et par an.

En cas de mort : Rien, si l'assuré est célibataire et si ses père et mère ne sont pas sexagénaires ; *deux années* de la rente due d'après son âge, s'il laisse « une veuve ou des père et mère sexagénaires »; *quatre années* de ladite rente, s'il laisse des enfants mineurs et leur mère.

En cas d'invalidité totale, *une rente* qui s'élève, suivant l'âge, de fr. 290 à 12 ans, à fr. 624 à 65 ans et au-dessus; et en cas d'invalidité professionnelle, la moitié de la rente due pour le cas d'invalidité totale.

CHAPITRE II.

§ I.

Deux points de cette loi de 1868 doivent surprendre tous les assureurs et la grande majorité des industriels.

C'est, d'abord, l'absence de toute indemnité pour les incapacités temporaires, c'est-à-dire l'absence de tout secours pendant le chômage des ouvriers déterminé par les accidents n'entraînant pas l'invalidité professionnelle. *Les ouvriers ne peuvent accepter cette lacune.*

C'est, en second lieu, la fixation d'une prime *uniforme* de huit francs par tête et par an, quelle que soit l'industrie exercée.

§ II.

S'il est malheureusement vrai que les ouvriers n'ont pas d'économies, et qu'une semaine de chômage amène la misère chez ceux qui ne font pas partie d'une caisse de secours mutuels — et combien sont dans ce cas! — le législateur sera nécessairement amené à introduire dans la loi de 1868 cette clause, que *toute incapacité de travail par suite d'accident* n'entraînant pas une des invalidités prévues, *sera indemnisée*, et alors la prime de fr. 8 devient tout à fait insuffisante.

Comment a-t-il pu se faire que le législateur de 1868 ait oublié un point aussi essentiel que celui de la réparation du dommage causé par les accidents guérissables ?

Il n'y a d'autre explication à cette lacune que l'espoir nourri par le gouvernement d'alors d'enrégimenter les

ouvriers dans des caisses de secours mutuels subvention-
nées.

Ne serait-ce pas le cas de combler cette lacune puisqu'on fait une loi, et de stipuler une indemnité pour tout
accident, qu'il entraîne la mort, l'invalidité ou une simple
incapacité temporaire ? Les caisses de secours mutuels
n'auraient plus d'indemnités à payer que pour les mala-
dies ne résultant pas d'accident.

Quant à nous, vieil assureur, nous pouvons affirmer que
les ouvriers, sans exception, se préoccupent avant tout
de l'assurance *des cas d'incapacité temporaire;* les cas
d'invalidité viennent ensuite ; quant aux cas de mort, bien
peu s'en inquiètent.

Bon nombre de patrons se contenteraient de l'assurance
contre les risques de leur *responsabilité civile !*

Voilà la situation.

Si les ouvriers ne peuvent se passer d'une indemnité de
chômage *pour les accidents guérissables,* et si le législateur finit par le comprendre, comme il faut le souhaiter,
puisqu'on fait une loi pour sauvegarder leurs intérêts,
quelle allocation quotidienne conviendrait-il de leur
accorder ?

La pratique de ce genre d'assurance nous révèle que
cette allocation doit être calculée d'après le salaire quoti-
dien, et que *la moitié de la journée,* avec un maximum
de fr. 4 à fr. 5, est une rémunération suffisante, les
ouvriers ayant, pour la plupart, à leur portée des hôpi-
taux, des dispensaires, et recevant souvent même à domi-
cile des soins médicaux.

Or, supposons notre manière de voir adoptée, supposons que le chômage par suite de blessures guérissables
soit indemnisé par le paiement de la moitié de la journée
du blessé dès le lendemain de l'accident et jusqu'à guérison complète — sans qu'on dépasse toutefois le maximum de fr. 5 — *de combien faudrait-il élever la prime
de fr. 8 ?*

*Nous n'hésitons pas à dire que cette prime devrait
être doublée.* En effet, les statistiques des Compagnies
d'assurances prouvent que les cas de mort et d'invalidité

ne forment que la moitié du total des indemnités payées par elles.

§ III.

C'est le cas d'examiner cet autre point de la loi de 1868, qui surprend, avec raison, les hommes du métier, à savoir la question de l'uniformité de la prime.

Pourquoi cette prime uniforme de fr. 8, quelle que soit l'industrie exercée?

C'est exactement comme si le législateur proclamait obligatoire l'assurance contre l'incendie et fixait la prime à un franc par mille francs du capital assuré — quelle que fut la marchandise assurée et le lieu où elle se trouve. — Voit-on d'ici la joie des détenteurs de matières inflammables assurées au même prix que les mobiliers logés dans les hôtels particuliers ou dans nos maisons de ville!

Un petit pays voisin a eu l'assurance mobilière et immobilière obligatoire, et à prime uniforme de fr. 1 0/00. Cette loi remontait à 1844; c'était là son excuse. Elle a été modifiée, il y a une dizaine d'années, et on a créé cinq classes à primes différentes.

Il y a industrie et industrie, comme il y a bâtiment et bâtiment, mobilier et mobilier.

Au point de vue des risques, quel rapport a l'exploitation des mines, carrières, chemins de fer, avec l'industrie textile, par exemple : filatures, tissages, blanchiment et teintureries? Ce rapport est à peu près comme 1 est à 3 ou à 4.

Il faudrait donc absolument créer pour l'assurance des risques professionnels de l'industrie, un certain nombre de classes, trois au moins.

Or, en accordant, comme nous l'avons dit, la moitié de sa journée, dès le lendemain de l'accident jusqu'à guérison complète, à tout ouvrier blessé pendant son travail et dont la blessure n'entraînerait pas une invalidité professionnelle, *la prime de fr. 8 devrait être portée à fr. 16 par tête et par an.*

S'il était créé *trois classes d'industries*, il serait possible et judicieux d'établir les primes suivantes :

Fr. 10 pour la classe des risques les moins dangereux.
Fr. 15 pour la classe des risques moyens.
Fr. 20 pour la classe des risques les plus grands.

La moyenne des primes de ces trois trois classes est de fr. 15, c'est-à-dire légèrement au-dessous des fr. 16 que l'on devrait raisonnablement demander.

§ IV.

Et à propos de cette prime de fr. 8 par tête assurée et par an, *pourquoi par tête?*

Il y a très peu d'établissements industriels où le personnel soit le même d'un bout de l'année à l'autre. L'industriel est donc obligé de faire substituer l'ouvrier entrant à l'ouvrier sortant, ce qui est une complication. Puis, pourquoi faire payer aux apprentis et aux femmes la même prime qu'aux hommes, qu'aux ouvriers parisiens du bâtiment ou des ateliers de construction mécanique gagnant de fr. 6 à fr. 10 par jour, alors que les apprentis et les femmes des manufactures en province ne gagnent que de fr. 1 à fr. 3 au maximum?

Les salaires annuels sont une base bien autrement simple et rationnelle du calcul de la prime. Au lieu de stipuler le paiement d'une prime de fr. 10, 15 ou 20 *par tête*, il serait beaucoup plus logique de stipuler le paiement de la même prime par *mille francs de salaires.*

Etant entendu que la prime sera payée moitié par le patron, moitié par l'ouvrier, la retenue pourrait être faite à chaque paie à raison de 0.50, 0.75 et 1 fr. pour cent des salaires. L'apprenti qui ne gagne que fr. 500 par an ne paierait (s'il est de la deuxième classe) que fr. 7.50 au lieu de fr. 15; et comme la moitié seulement de la cotisation serait à sa charge, il n'aurait réellement à payer que fr. 3.75 par an, au lieu des fr. 8 qu'il paie sous l'empire de la loi de 1868. Le mécanicien dont la journée est de fr. 8, aurait, en revanche, à payer une cotisation de fr. 8 × 300 jours = fr. 2,400 à 15 0/00 = fr. 36, dont la moitié seulement à sa charge, soit fr. 18 par an.

En cas d'accidents, ces ouvriers auraient droit, ou laisseraient à leur famille :

	Pour incapacité temporaire. 1/2 salaire.	Invalidité professionnelle	Invalidité totale.	Mort.
		Rente.	Rente.	Capital.
Le mécanicien, 40 ans, marié et ayant enfants . .	Fr. 4 par jour	Fr. 175.50.	Fr. 351. ».	Fr. 1404.».
L'apprenti, 13 ans, ayant père et mère non sexagénaires.	Fr. » 83.	Fr. 148. ».	Fr. 292. ».	Rien.

Pourquoi faire payer une prime *uniforme quand les indemnités varient de la sorte ?* c'est une injustice criante !

§ V.

Nous disons, au début de ce modeste travail, que les trois projets sont d'accord pour « *consacrer* » le risque professionnel.

En effet, depuis sept ou huit ans déjà, la majorité des compagnies d'assurance-accident se sont refusées à assurer la responsabilité des chefs d'industrie *sans assurer* en même temps *certaines indemnités aux ouvriers blessés* « qu'il y ait responsabilité ou non ». C'était reconnaître clairement le risque professionnel. Et cette indemnité assurée à l'ouvrier lui est due alors même qu'il a introduit contre son patron une action en responsabilité civile et qu'il a échoué dans cette action. Les tribunaux ont toujours, et à bon droit, repoussé, comme contraire à l'ordre public, cette clause contenue dans certains contrats d'assurance que : « En cas d'action en responsabilité civile, l'ouvrier était déchu de ses droits à l'indemnité stipulée à son profit ». L'assurance du risque professionnel et de la responsabilité civile marchent donc aujourd'hui de pair.

CHAPITRE III.

La responsabilité civile soulève trois questions sur lesquelles le projet de M. Rouvier est muet : une question de preuve et une question de quotité que nous allons traiter dans ce chapitre, et une question de prescription que nous traiterons dans le chapitre suivant en traitant de la prescription du risque professionnel.

§ I.

Faut-il maintenir l'état de choses actuel, la règle générale de notre droit et laisser la preuve à la charge de l'ouvrier demandeur en dommages-intérêts? Faut-il, au contraire, intervertir l'ordre de la preuve, instituer contre le patron une véritable présomption de faute analogue à celle de l'article 1384 du Code civil et lui imposer l'obligation de prouver, pour dégager sa responsabilité, soit que l'accident est arrivé par cas fortuit, par force majeure, ou par la faute de la victime; soit, au moins, qu'il n'a commis, lui patron, aucune faute?

Malgré le projet voté le 23 octobre 1884, malgré le rapport si complet de la commission extra-parlementaire et son projet de loi du 27 février 1885, *M. le ministre Rouvier n'a pas admis, dans son projet du 24 mars 1885, l'interversion de la preuve en cas de demande en dommages-intérêts.*

Est-ce un bien? est-ce un mal?

Nous ne craignons pas de dire ici que la présomption de faute édictée contre le patron n'a rien qui doive l'effrayer outre mesure, à condition que la loi exige une enquête contradictoire dans les 48 heures pour tout accident devant, d'après le médecin consulté, entraîner un chômage de plus d'un mois.

Il n'y a pas de doute que le chef d'une entreprise quelconque est mieux placé que ses ouvriers pour démontrer que l'accident n'est pas le résultat d'un vice de construction ou d'un vice de l'outillage, et ne provient ni de sa faute, ni de celle de ses préposés, mais qu'il est arrivé par la maladresse ou la négligence de l'ouvrier, par cas fortuit ou par force majeure. Mais il faut que l'enquête soit faite au plus tard le lendemain de l'accident, alors que les choses sont restées en l'état, que les témoins sont là, que leurs souvenirs sont frais et qu'on peut compter sur la sincérité de tous les témoignages. Copie du procès-verbal de l'enquête devra être remise immédiatement aux parties intéressées. Aujourd'hui, quand l'autorité procède à une enquête en matière d'accident, non seulement elle n'en communique pas les résultats aux intéressés, mais il y a interdiction de les leur communiquer.

Si le législateur savait à quel trafic des témoignages on se livre, quand l'ouvrier estropié est entre les mains de quelque agent d'affaires avec lequel il a, le plus souvent, traité à forfait, et qu'il faut justifier sa réclamation civile, *il n'hésiterait pas à adopter notre système* et à prescrire l'enquête dans les 48 heures, sauf à intervertir la preuve s'il le juge bon. Il ne faut pas oublier que l'assurance sera obligatoire, et que les industriels pourront s'assurer indifféremment aux compagnies anonymes à primes fixes ou mutuelles qui rempliront les conditions voulues, ou bien à la caisse de l'Etat. Il y aura donc des intérêts respectables à sauvegarder, privés et publics.

Dire que le patron sera « présumé responsable » et ne pas exiger une enquête immédiate permettant à l'assureur, Etat ou Compagnie, de calculer approximativement les conséquences de l'accident, *serait une faute grave.*

§ II.

Aucun des projets de loi ne souffle mot de l'étendue de la responsabilité civile. Ils la laissent tous à l'appréciation souveraine des tribunaux. Est-ce parce que la loi de 1868 n'a pas abordé ce point ?

La lacune est regrettable et sera vivement ressentie dans quelques années.

Cette question a déjà été tranchée en Angleterre, en Allemagne et en Suisse. La Chambre des députés d'Italie vient aussi de voter une loi sur la responsabilité civile, mais le vote du Sénat italien n'est rien moins qu'assuré à cette loi, *étant donné le sentimentalisme qui a présidé à son élaboration.*

Les lois anglaise et suisse partent seules du vrai principe pour la réparation civile : *celui du salaire annuel de l'ouvrier.* En effet, la valeur d'un homme est en raison de ce qu'il gagne, ou plutôt de ce qu'il peut économiser sur son salaire ; la question de famille n'a rien à voir dans le compte à établir.

Le patron ne doit que la réparation du tort qu'il a

causé. Plusieurs personnes pourront souffrir de ce tort ; mais il est toujours le même, que le blessé ait ou n'ait pas de famille ; il est égal au salaire dont il se trouve privé par suite de l'accident. Les tribunaux, entraînés par de brillantes plaidoiries, oublient trop souvent cette vérité et font intervenir dans la fixation des indemnités des questions de famille ou de situation sociale qui devraient y rester étrangères.

Etant admis le principe de l'intervention du législateur quant à la quotité de l'indemnité, quelle sera la base du calcul de cette indemnité ?

L'Angleterre a fixé le maximum de l'indemnité due par l'employeur comme réparation civile à trois années de salaires. Le calcul se fait d'après le salaire des trois dernières années.

La Suisse a fixé un maximum invariable de fr. 6,000.

Toutes nos préférences sont pour le système anglais qui n'impose à l'employeur qu'une indemnité de fr. 3,000, si son ouvrier ne gagnait que fr. 1,000 par an, mais qui l'oblige à payer fr. 30,000, si l'ouvrier gagnait fr. 10,000 par an.

Avec la loi Suisse, on voit beaucoup trop fréquemment le juge appliquer le maximum, qu'il s'agisse d'ouvriers gagnant fr. 2 50 ou fr. 5 par jour. C'est de l'entraînement et non de la justice.

Tout le monde des affaires sait que les salaires sont sensiblement plus élevés en Angleterre qu'en France parce que la vie y est plus chère. Si donc les Anglais ont pu fixer à trois années du salaire moyen de l'ouvrier mort au travail le maximum de la réparation civile due par son patron, *pourquoi pareil article ne serait-il pas introduit dans la loi Française ? Ce serait son complément* et un complément heureux, car nous défions bien n'importe quel jurisconsulte de nous expliquer pourquoi les condamnations en responsabilité civile sont plus élevées à Marseille, au Havre et ailleurs, *qu'à Paris*, et celles de Paris beaucoup plus élevées encore que celles prononcées dans la grande majorité des arrondissements, surtout des arrondissements agricoles, quel que soit, d'ailleurs, le salaire de l'ouvrier sinistré! Si bien que fréquemment les indemnités obtenues dans quelques grandes villes sont quadruples de celles obtenues, à salaire égal, dans certains arrondissements.

Question de milieu, dira-t-on. Oui, mais où est l'égalité? La loi seule peut l'établir.

CHAPITRE IV.

§ I.

Nous venons de dire, tout franchement, les idées que la pratique nous a suggérées sur les deux points importants des projets de loi. Nous avons conseillé le paiement d'une indemnité égale à la moitié de la journée de l'ouvrier blessé, — dès le lendemain de l'accident et jusqu'à guérison complète, — pour tout accident n'entraînant aucune invalidité. Nous avons fixé la prime qu'il y aurait lieu de demander pour assurer ce risque et les classes à créer pour rendre cette prime à peu près rationnelle.

Après avoir traité la question du risque professionnel, nous avons abordé celle de la responsabilité civile. Précisons davantage encore et formulons le projet de loi que nous voudrions voir adopter.

§ II.

Au début de cette étude, nous avons dit que trois projets de loi étaient en présence, et qu'à notre avis, on pourrait, en les fondant, en tirer une bonne loi d'assurance obligatoire contre les accidents.

Sous réserve de l'introduction d'un article fixant la prescription des risques professionnels et des risques de droit commun, nous demanderions le vote du projet de loi de la commission extra-parlementaire.

L'article premier du projet de la commission est la reproduction de l'un des articles du projet voté le 23 octobre 1884. Mais, comme il établit une présomption de faute à la charge de l'employeur, il n'a pas été admis dans le projet du ministre. Nous ne craignons cette présomption ni pour les industriels, ni pour les assureurs, à condition qu'une enquête contradictoire soit faite dans les 48 heures et que copie en soit immédiatement délivrée aux parties intéressées.

Les autres articles du projet ministériel sont la reproduction textuelle du projet de la commission extra-parlementaire. Au point où nous sommes arrivés, il nous paraît inutile de les examiner en détail ; le lecteur trouvera le texte des trois projets à la suite de cette étude. Nous voudrions seulement traiter, en terminant, de la prescription et des inconvénients qu'il y aurait à ne pas prévenir le cumul de l'indemnité due pour risque professionnel et de celle *due à titre de réparation civile*.

§ III.

Le projet voté en première lecture contient déjà une lacune très regrettable, *celle de la prescription de la responsabilité civile* ; mais, au moins, *il fixait à 6 mois* à partir de l'accident *la prescription du risque professionnel* (article 5). Cet article ne figure ni dans le projet ministériel, ni dans celui de la commission ; il est indispensable qu'il figure dans la loi, et il devra être placé entre l'article 5 et l'article 6 du projet de la commission.

Il devra être complété *par la fixation d'une prescription pour la responsabilité civile*.

Dans l'état actuel de notre droit, l'action en responsabilité civile se prescrit par 30 ans, à moins qu'elle ne naisse d'un délit. Si elle naît d'un délit, elle se prescrit par trois ans comme le délit. Est-il possible de rester dans le *statu quo* ? Nous laissera-t-on *en France avec la prescription trentenaire* ? Sur trois projets de loi, pas un n'aborde ce point, malgré son extrême importance !

Y eut-il jamais, depuis la loi de 1868, moment plus favorable pour demander une réforme aussi utile, aussi nécessaire ? Nous pouvons citer une réclamation civile qui s'est produite 15 ans après l'accident.

Les pays voisins ont fixé la prescription de l'action en responsabilité civile à une ou deux années. Si le législateur trouve cela trop court, qu'il mette trois ans ; mais qu'il nous délivre de la prescription trentenaire. A cet égard, l'intérêt des patrons, des ouvriers et des assureurs est le même.

Ils ont besoin d'être fixés, dans un délai relativement court, sur les conséquences des accidents.

§ IV.

Quant au cumul des deux indemnités, il est inadmissible. Non seulement la loi doit dire, comme dans l'article 8 du projet voté en première lecture, « que l'indemnité obtenue par jugement à titre de réparation civile ne pourra se cumuler avec l'indemnité due pour risque professionnel ; » mais il faudra ajouter que l'acceptation par l'ouvrier blessé de l'indemnité pour risque professionnel *emporte déchéance de tout recours en réparation civile.*

Qu'arrivera-t-il si cette clause n'est pas introduite dans la loi ? Quand une indemnité pour incapacité temporaire aura été payée, l'ouvrier pourra intenter une action civile à ses patrons, une fois la somme dépensée ou avec la somme reçue.

S'il s'agit de rentes et que le règlement d'administration publique ordonne, comme nous n'en doutons pas, l'emploi du capital en fonds d'Etat avec immatriculation *au nom de l'assureur* pour la nue propriété, et *au nom du sinistré* pour l'usufruit, l'assureur devra défaire son opération chaque fois que le jugement civil modifiera le règlement déjà opéré !

S'agira-t-il d'un cas de mort, le danger sera encore plus grand, car la famille aura une somme plus importante à sa disposition pour faire un procès de fantaisie, *et très fréquemment il arrivera que l'assureur ne pourra faire payer par ses adversaires insolvables les frais du procès qu'il aura dû soutenir.*

Ce serait un beau gâchis !

Actuellement, les compagnies d'assurances ne paient les indemnités dues par elles que lorsque le sinistré n'a pas intenté d'action en responsabilité civile. Le sinistré doit donner quittance définitive et sans réserve.

Nous sommes convaincus que les agents de l'Etat ne

procéderaient pas autrement si la caisse d'assurance instituée par la loi du 11 juillet 1868 garantissait le risque de la responsabilité civile en même temps que le risque professionnel.

§ V.

Il y a donc urgence à introduire dans le projet de la commission extra-parlementaire, ou dans celui du ministre qui en est la reproduction, *sauf en ce qui concerne la présomption de faute*, un article 5 bis ainsi conçu :

« Tout sinistré qui aura accepté le règlement de son accident sur la base des indemnités du risque professionnel est privé du droit de recours en responsabilité civile contre son employeur ou contre les personnes dont il doit répondre.

« L'action en responsabilité civile se prescrit par 3 ans du jour de l'accident.

« Les indemnités du risque professionnel, qu'il s'agisse d'incapacité temporaire, d'invalidité partielle ou totale ou de cas de mort ne peuvent se cumuler entre elles *ni avec les indemnités* pour réparation civile. »

CHAPITRE V.

§ I.

Résumons-nous.

Nous demandons d'abord :

1° Que l'ouvrier soit indemnisé de tout chômage résultant d'un accident, même quand cet accident n'aura entraîné qu'une incapacité temporaire ;

2° Qu'en conséquence de cette augmentation de risque, la prime fixée par la loi du 11 juillet 1868 soit à peu près doublée ;

3° Que trois classes de risques au moins soient créées, et que la prime soit calculée suivant la classe du risque ;

4° Que cette prime soit fixée *par mille francs de salaires payés et non par tête assurée* ;

5° *Que les primes de 10, 15 et 20 fr. par mille francs de salaires payés soient adoptées ;*

6° Que les déclarations de sinistres soient faites à l'assureur, — Etat ou Compagnie, — dans les quarante-huit heures ;

7° Qu'une enquête contradictoire soit faite dans ces quarante-huit heures, pour tout accident qui, au dire du médecin appelé, paraît devoir entraîner, au minimum, un chômage de 30 jours. Par conséquent, enquête obligatoire pour tout accident entraînant des invalidités ou le décès.

Les sept points ci-dessus sont tous du ressort de la loi d'assurance de 1868, qui devra être complétée dans ce sens *par une nouvelle loi.*

Quant à la loi d'assurance obligatoire à voter par la Chambre des députés, nous ne demandons que l'introduction de l'article 5 bis, dont nous avons donné le texte plus haut ; mais nous la demandons instamment.

§ II.

Si les modifications que nous désirons voir apporter tant à la loi elle-même qu'au règlement de la caisse d'assurance de 1868 étaient adoptées, le législateur aurait rendu un immense service *aussi bien aux industriels qu'aux ouvriers.*

Nous dirons en terminant que nous tenons la création de l'assurance *obligatoire* contre les accidents *pour une œuvre capitale de progrès*, et que le partage par moitié, entre l'employeur et l'employé, de la prime du risque professionnel, paraît équitable. Outre cette assurance du risque professionnel, le patron a encore à sa charge le risque de responsabilité civile ; c'est tout ce qu'il peut et doit supporter.

Il y a bien plus d'assurances-accident, qu'on ne le croit généralement, *dont la prime est entièrement payée par l'établissement ;* et, chose bien regrettable, les ouvriers qui en profitent, sont généralement peu reconnaissants. Pour d'autres assurances, la prime est partagée plus ou moins également entre la maison assurée et ses ouvriers. Enfin, il n'est pas rare de rencontrer des contrats d'assurance dont la prime, *même celle de responsabilité civile, est entièrement payée par les ouvriers !* La loi en projet aura ce double et bon effet *d'unifier le paiement de la prime* et d'apprendre à tous les ouvriers le devoir qui leur incombe.

Nous savons que bon nombre d'assureurs et la majeure partie des journaux d'assurance ne partagent pas notre manière de voir sur la loi en discussion, surtout quant à là « présomption de faute » établie contre le patron; mais nous n'en persistons pas moins à ne voir aucun danger à cette interversion des rôles, si l'enquête est ordonnée dans les quarante-huit heures de l'accident et vient couper court à cette mendicité d'un nouveau genre, à laquelle se livre l'ouvrier pour obtenir, 6, 8, 10, 12 et 15 mois après l'accident, les témoignages qui lui sont nécessaires pour justifier sa réclamation civile.

Mais, de gráce, que le législateur se hâte de terminer cette loi. Depuis qu'elle est sur le chantier, le développement des assurances s'est arrêté net ; les uns, et ils sont nombreux, attendent son vote pour faire couvrir leurs risques ; d'autres, actuellement assurés, ne savent s'ils doivent continuer ou non leur assurance !

Il faut en finir avec cette incertitude.

Paris, décembre 1885.

PROPOSITION DE LOI

sur la responsabilité des accidents dont les ouvriers sont victimes.

Texte adopté en 1ʳᵉ délibération.
le 23 octobre 1884.

TITRE PREMIER.

De la responsabilité de droit commun.

Article premier.

Dans les usines, manufactures, fabriques, chantiers, mines et carrières, entreprises de transport, et, en outre, dans les autres exploitations de tout genre où il est fait usage d'un outillage à moteur mécanique, le chef de l'entreprise est présumé responsable des accidents survenus dans le travail à ses ouvriers et préposés.

Mais cette présomption cesse, lorsqu'il fournit la preuve, ou bien que l'accident est arrivé par force majeure ou cas fortuit qui ne peuvent être imputés ni à lui ni aux personnes dont il doit répondre, ou bien que l'accident a pour cause exclusive la propre imprudence de la victime.

Art. 2.

Il est ajouté à la fin de l'article 404 du Code de procédure civile la disposition suivante :

« Les demandes en dommages-intérêts, intentées en vertu des articles 1382 à 1386 inclus du Code civil dans les cas prévus à l'article 1ᵉʳ de la présente loi. »

TITRE II.

De la responsabilité spéciale, à raison du risque professionnel.

Art. 3.

Dans les industries spécifiées en l'article 1ᵉʳ qui précède, le chef de l'entreprise (sans préjudice de la responsabilité qui lui incombe aux termes du droit commun) encourt, vis-à-vis des personnes qu'il emploie, une responsabilité spéciale à raison du risque professionnel, et doit, en conséquence, dans les limites fixées à l'article 4 ci-après, venir en aide à tout ouvrier ou employé victime d'un accident dans l'exécution de son travail.

Art. 4.

La responsabilité spéciale dont il s'agit est limitée aux chiffres des pensions et secours que la caisse d'assurances en cas d'accidents (établie par la loi du 11 juillet 1868) alloue actuellement à l'assuré ou aux ayants droit de l'assuré, lorsque la prime annuelle est de 8 francs ; — le tout conformément aux prescriptions et aux distinctions édictées en ladite loi du 11 juillet 1868.

Art. 5.

L'action à intenter, en vertu des deux articles précédents, devra être, à peine de déchéance, introduite dans les six mois du jour de l'accident.

Elle sera formée devant le juge de paix dans le ressort duquel aura eu lieu cet accident

Le demandeur jouira, de plein droit, du bénéfice de l'assistance judiciaire. Sur sa simple déclaration, le juge de paix invitera immédiatement le syndic des huissiers à désigner un huissier.

Art. 6.

Le juge de paix prononcera sur l'action et sur les exceptions, s'il s'en élève.

Il appréciera s'il y a incapacité absolue de travail ou

seulement incapacité permanente du travail de la profession, et il fixera, dans les limites indiquées en l'article 4, la pension ou les secours à allouer.

Il lui sera loisible, si les conséquences de l'accident ne peuvent être encore exactement déterminées, de renvoyer son jugement définitif à une date ultérieure, dans les six mois qui suivront.

Dans tous les cas, si le défendeur justifie avoir contracté, au profit du demandeur, une assurance à la caisse établie par la loi du 11 juillet 1868, le juge de paix sera tenu de surseoir jusqu'à ce que le comité, institué par les articles 23 et suivants du décret du 10 août 1868, modifié par le décret du 13 août 1877, ait donné son avis, en exécution de l'article 29 du premier de ces décrets ; et le jugement à intervenir devra se conformer à cet avis en ce qui concerne la détermination du genre d'incapacité de travail.

Art. 7.

Les jugements seront exécutoires par provision.

Art. 8.

Si l'accident donne ouverture à l'exercice d'actions en responsabilité de droit commun, dirigées, conformément aux dispositions des articles 319 et 320 du Code pénal ou des articles 1382 et suivants du Code civil, soit contre le chef d'industrie, soit contre des tiers, il demeurera loisible aux intéressés d'exercer ces actions, sans qu'il puisse être opposé aucune fin de non-recevoir à raison de l'instance précédemment portée devant le juge de paix.

Mais l'indemnité qui serait obtenue, dans les termes du droit commun, en vertu des articles du Code pénal ou du Code civil susvisés, et le montant de la condamnation qui aurait été prononcée par le juge de paix, en vertu du titre II de la présente loi, ne pourront pas être cumulés. Le montant de la condamnation prononcée par le juge de paix, s'il a été précédemment touché, viendra, jusqu'à due concurrence, en déduction du chiffre de l'indemnité qui serait ultérieurement allouée pour responsabilité de droit commun.

TITRE III.

Dispositions communes aux deux titres précédents

Art. 9.

Si le chef d'entreprise avait contracté une assurance, à raison de la responsabilité lui incombant vis-à-vis de ses ouvriers ou employés, la condamnation prononcée au profit de la victime de l'accident ou de ses ayants droit, emportera privilège, dans les termes de l'article 2102 du Code civil, sur l'indemnité due par l'assureur, et jusqu'à concurrence du montant des condamnations.

Art. 10.

Toute convention contraire à la présente loi est nulle de plein droit.

PROJET DE LOI

sur les accidents dont les ouvriers sont victimes dans leur travail

TEXTE PROPOSÉ

TITRE PREMIER.

De la responsabilité de droit commun.

Article premier.

Dans les usines, manufactures, fabriques, chantiers, mines et carrières, entreprises de transports et, en outre, dans les autres exploitations de tout genre où il est fait usage d'un outillage à moteur mécanique, le chef de l'entreprise est présumé responsable des accidents survenus dans le travail à ses ouvriers et préposés.

Mais cette présomption cesse lorsqu'il fournit la preuve, ou bien que l'accident est arrivé par force majeure ou cas fortuits qui ne peuvent être imputés ni à lui ni aux personnes dont il doit répondre, ou bien que l'accident a pour cause exclusive la propre imprudence de la victime.

Art. 2.

Les demandes en dommages-intérêts intentées en vertu de l'article qui précède seront jugées comme matières sommaires, conformément au titre 24 du livre II du Code de procédure civile.

TITRE II.

Du risque professionnel . — De l'assurance obligatoire.

Art. 3.

Il y a risque professionnel dans les industries où, soit à raison des moteurs, des matières employées ou fabriquées, l'ouvrier est exposé à un accident dans l'exécution de son travail.

Un règlement d'administration publique déterminera les industries qui, d'après les règles établies par le présent article, seront considérées comme présentant un risque professionnel.

Art. 4.

Dans toutes ces industries, les ouvriers devront être assurés contre les accidents.

L'assurance est contractée par les soins du patron ; l'ouvrier ne peut être tenu de contribuer au paiement de la prime que jusqu'à concurrence de la moitié, au maximum.

Art. 5.

Cette assurance devra garantir à chaque ouvrier, en cas d'accident, des indemnités au moins égales aux chiffres des pensions et secours que la Caisse d'assurances (établie par la loi du 11 juillet 1868) alloue actuellement à l'assuré ou aux ayants droit de l'assuré lorsque la prime annuelle est de huit francs.

Art. 6.

L'assurance pourra être contractée, soit à la Caisse créée par la loi du 11 juillet 1868, soit aux compagnies d'assurances mutuelles ou anonymes remplissant, au point de vue de la publicité de la gestion et du placement des fonds, les conditions qui seront déterminées par un règlement d'administration publique.

Art. 7.

Les membres du Conseil d'administration des compagnies

d'assurances anonymes ou mutuelles qui contreviendraient aux prescriptions du règlement d'administration publique prévu dans l'article précédent seront passibles d'une amende de cinq cents à deux mille francs.

En cas de récidive, l'amende pourra être portée de deux mille à cinq mille francs. Le tribunal correctionnel pourra, en outre, déclarer les compagnies contrevenantes déchues du privilège de recevoir les assurances prévues par la présente loi.

<h3 style="text-align:center">Art. 8.</h3>

Le chef de tout établissement industriel présentant un risque professionnel, qui ne se sera pas conformé aux prescriptions de l'article 4 de la présente loi, sera passible d'une amende de cinquante à cinq cents francs.

En outre, en cas d'accident, il devra payer à l'ouvrier qui en a été victime ou à ses ayants droit une indemnité équivalente à celle qui lui eût été allouée par la Caisse fondée par la loi du 11 juillet 1868 pour une prime annuelle de huit francs.

<h3 style="text-align:center">Art. 9.</h3>

Les indemnités dues à l'ouvrier en raison du risque professionnel ne se cumuleront pas avec l'indemnité qui pourrait lui être accordée en vertu de l'article premier de la présente loi.

<h3 style="text-align:center">Art. 10.</h3>

En cas d'assurance contractée par le chef d'industrie, l'ouvrier victime d'un accident aura un privilège, dans les termes de l'article 2102 du Code civil, sur l'indemnité due par l'assureur.

<h3 style="text-align:center">Art. 10.</h3>

L'article 463 du Code pénal est applicable aux condamnations prononcées en vertu de la présente loi.

<h3 style="text-align:center">Art. 12.</h3>

Toute convention contraire à la présente loi est nulle de plein droit.

CHAMBRE DES DÉPUTÉS
TROISIÈME LÉGISLATURE — SESSION DE 1885

Annexe au procès-verbal de la séance du 24 mars 1885.

PROJET DE LOI

RELATIF A

la responsabilité des accidents dont les ouvriers sont victimes dans leur travail

(Renvoyé à la Commission des accidents des ouvriers.)

PRÉSENTÉ AU NOM

DE M. JULES GRÉVY,
Président de la République française,

PAR M. MAURICE ROUVIER,
Ministre du Commerce.

EXPOSÉ DES MOTIFS.

Messieurs,

Vous êtes saisis de plusieurs propositions de loi relatives à la responsabilité des accidents dont les ouvriers sont victimes dans leur travail. Ces propositions ont déjà été soumises à une première délibération au cours de laquelle le Gouvernement vous a demandé de vouloir bien voter le texte de loi proposé par la commission parlementaire qui avait été chargée de les examiner. Le Gouvernement n'entendait pas cependant, ainsi qu'il l'a déclaré, se rallier sans réserve au projet de cette commission, mais, un rejet pur et simple aurait signifié qu'il n'y avait rien à faire, alors qu'une solution urgente nous paraissait nécessaire. En vous demandant ce vote, le Gouvernement s'engageait, d'ailleurs, à préparer et à vous présenter, entre la première et la seconde délibération, le texte de loi auquel il se serait définitivement arrêté.

A cet effet, une Commission extra-parlementaire, composée de membres du Parlement, de jurisconsultes et de personnes d'une compétence pratique indispensable, a été instituée au ministère du Commerce (1). Le projet élaboré par cette Commission nous a paru devoir être adopté pour la majeure partie, notamment en ce qui concerne la création d'un risque professionnel et l'assurance obligatoire.

Ce sont là deux innovations importantes dont vous trouverez la justification dans le rapport de la Commission extra-parlementaire, reproduit plus loin, et auxquelles, nous l'espérons, vous voudrez bien accorder votre haute sanction.

PROJET DE LOI.

Le Président de la République française,

Décrète :

Le projet de loi dont la teneur suit sera présenté à la Chambre des Députés par le ministre du Commerce qui est chargé d'en exposer les motifs et d'en soutenir la discussion.

---

(1) Cette Commission était composée de : MM. Tolain, sénateur, *président;* Barne, sénateur; Martin Nadaud, Girard, Drumel, membres de la Chambre des Députés; Béquet, conseiller d'Etat; C. Nicolas, conseiller d'Etat, directeur du commerce intérieur; Muller, professeur à l'Ecole centrale des Arts et Manufactures; Vavasseur, avocat à la Cour d'appel; Marotel, président du syndicat des chefs de service et contre-maîtres de l'industrie métallurgique; le Dr Napias, *membres;* Louis Bouquet, chef de bureau de l'Industrie, *secrétaire.*

Article premier.

Les demandes en dommages-intérêts intentées contre les chefs d'entreprises par les ouvriers ou leurs ayants droit, à raison d'accidents survenus dans le travail, seront jugées comme matières sommaires, conformément au titre 24 du livre II du Code de procédure civile.

Art. 2.

Il y a risque professionnel dans les industries où, soit à raison de l'outillage, soit à raison des moteurs, des matières employées ou fabriquées, l'ouvrier est exposé à un accident dans l'exécution de son travail.

Un règlement d'administration publique déterminera les industries qui, d'après les règles établies par le présent article, seront considérées comme présentant un risque professionnel.

Art. 3.

Dans toutes ces industries, les ouvriers devront être assurés contre les accidents.

L'assurance est contractée par les soins du patron; l'ouvrier ne peut être tenu de contribuer au paiement de la prime que jusqu'à concurrence de la moitié, au maximum.

Art. 4.

Cette assurance devra garantir à chaque ouvrier, en cas d'accidents, des indemnités au moins égales aux chiffres des pensions et secours que la Caisse d'assurances (établie par la loi du 11 juillet 1868) alloue actuellement à l'assuré ou aux ayants droit de l'assuré lorsque la prime annuelle est de 8 francs.

Art. 5.

L'assurance pourra être contractée soit à la Caisse créée par la loi du 11 juillet 1868, soit aux compagnies d'assurances mutuelles ou anonymes remplissant, au point de vue de la publicité, de la gestion et du placement des fonds, les conditions qui seront déterminées par un règlement d'administration publique.

Art. 6.

Les membres du Conseil d'administration des compagnies d'assurances anonymes ou mutuelles qui contreviendraient aux prescriptions du règlement d'administration publique prévu dans l'article précédent seront passibles d'une amende de cinq cents à deux mille francs.

En cas de récidive, l'amende pourra être portée de deux mille à cinq mille francs. Le tribunal correctionnel pourra, en outre, déclarer les compagnies contrevenantes déchues du privilège de recevoir les assurances prévues par la présente loi.

Art. 7.

Le chef de tout établissement industriel présentant un risque professionnel, qui ne se sera pas conformé aux prescriptions de l'article 3 de la présente loi, sera passible d'une amende de cinquante à cinq cents francs.

En outre, en cas d'accidents, il devra payer à l'ouvrier qui en a été victime ou à ses ayants droit une indemnité équivalente à celle qui lui eût été allouée par la Caisse fondée par la loi du 11 juillet 1868 pour une prime annuelle de huit francs.

Art. 8.

Les indemnités dues à l'ouvrier, en raison des risques professionnels, ne se cumuleront pas avec l'indemnité qui pourrait lui être accordée dans le cas prévu par l'article premier de la présente loi.

Art. 9.

En cas d'assurance contractée par le chef d'industrie, l'ouvrier victime d'un accident aura un privilège, dans les termes de l'article 2102 du Code civil, sur l'indemnité due par l'assureur.

Art. 10.

L'article 463 du Code pénal est applicable aux condamnations prononcées en vertu de la présente loi.

Art. 11.

Toute convention contraire à la présente loi est nulle de plein droit.

Fait à Paris, le **24** mars 1885.

Le Président de la République française,

Signé : JULES GRÉVY.

Par le Président de la République :

Le Ministre du Commerce :
Signé : MAURICE ROUVIER.

www.ingramcontent.com/pod-product-compliance
Lightning Source LLC
Chambersburg PA
CBHW051352060726
47596CB00005B/1882